CONTENTS

The price of this publication includes access to companion recorded accompaniments online, for download or streaming, using the unique code found on the title page. Visit **www.halleonard.com/myllbrary** and enter the access code.

THE VOCAL LIBRARY

BARITONE/BASS

Mozart Arias

Edited by
Robert L. Larsen and Richard Walters

Aria Text Editor and Translator: Martha Gerhart
Assistant Editor: Janet Neis

To access companion recorded accompaniments online, visit:
www.halleonard.com/mylibrary

5327-3301-8843-1188

On the cover, Nicolas Lancret, *La Camargo Dancing,* c. 1730, oil on canvas, 30 x 42 inches,
Andrew W. Mellon Collection. © 1992 National Gallery of Art, Washington

ISBN 978-0-7935-6242-8

HAL•LEONARD®
CORPORATION
7777 W. BLUEMOUND RD. P.O. BOX 13819 MILWAUKEE, WI 53213

Visit Hal Leonard Online at
www.halleonard.com

ROBERT L. LARSEN is the compiler and editor of the bestselling *G. Schirmer Opera Anthology,* in five volumes, and also collaborated with Evelyn Lear in recorded and published master classes, released by G. Schirmer in two volumes, *Lyric Soprano Arias: A Master Class with Evelyn Lear.* Dr. Larsen is featured as a pianist on a score/audio package of *Songs of Joseph Marx* from Hal Leonard Publishing, and is compiler of a series of opera scenes for study and workshop performances.

Dr. Larsen is founder and artistic director of one of America's major opera festivals, the critically acclaimed Des Moines Metro Opera, and since the company's founding in 1973 has served as conductor and stage director for all of its productions. Since 1965 Dr. Larsen has also been chairman of the department of music at Simpson College in Indianola, Iowa, and during his tenure the department has received national recognition and awards for its serious and extensive program of operatic training for undergraduates. He holds a bachelor's degree from Simpson College, a master's degree in piano performance from the University of Michigan, and a doctorate in opera and conducting from Indiana University. His piano studies were with Sven Lekberg, Joseph Brinkman, Rudolph Ganz, and Walter Bricht. Dr. Larsen is highly regarded as an opera coach and accompanist. He has coached singers at Tanglewood, Oglebay Park, West Virginia, Chicago, and New York, and has assisted in the training of many artists with significant operatic careers.

Dr. Larsen was the recipient of the first Governor's Award in Music presented by the Iowa Arts Council, and is listed in "Who's Who in America." In addition to his many other musical accomplishments, he is an avid student of the Renaissance, and specializes in bringing to life the great vocal works of that period.

MOZART ARIAS FOR BARITONE/BASS

LE NOZZE DI FIGARO
(The Marriage of Figaro)

The libretto is by Lorenzo da Ponte, based on the comedy *La Folle Journée, ou Le Mariage de Figaro* by Pierre-Auguste Caron de Beaumarchais. The play was premiered in Paris in 1784; the opera was premiered at the Burgtheater in Vienna on May 1, 1786. The story is set at the palace of Count Almaviva, near Seville, in the seventeenth century (usually played as the eighteenth century).

Se vuol ballare

from Act I
character: Figaro

Figaro, valet to Count Almaviva, has just discovered from Susanna that the trip to England which the Count plans to make with Figaro and his bride-to-be is probably designed so that the Count can lavish his attentions on Susanna. Left alone, Figaro muses that he has a few ideas of his own especially designed for his employer.

Bravo, signor padrone!	*Bravo, lord master!*
Ora incomincio a capir il mistero,	*Now I begin to understand the mystery,*
e a veder schietto	*and to see clearly*
tutto il vostro progetto;	*your whole plan;*
a Londra, è vero?	*to London, really?*
Voi ministro, io corriero,	*You as minister, I as courier,*
e la Susanna…	*and Susanna…*
secreta ambasciatrice.	*secret ambassadress.*
Non sarà, Figaro il dice!	*That will not be—Figaro says so!*
Se vuol ballare, signor contino,	*If you want to dance, little lord count,*
il chitarrino le suonerò, sì.	*I'll play the guitar for you—yes.*
Se vuol venire nella mia scuola,	*If you want to come to my school,*
la capriola le insegnerò, sì.	*I'll teach you the caper—yes.*
Saprò, ma piano;	*I'll learn, but slowly;*
meglio ogni arcano dissimulando scoprir potrò.	*I'll be able to discover every secret better while playing the part.*
L'arte schermendo, l'arte adoprando,	*Defending my cunning, using my cunning,*
di quà pungendo, di là scherzando,	*stinging here, joking there,*
tutte le macchine rovescierò.	*I'll turn all his plots upside down.*

Non più andrai

from Act I
character: Figaro

Count Almaviva, annoyed by the antics of the court page Cherubino, has consigned the boy to military duty. Susanna looks on as Figaro describes for him the joys and sorrows of a soldier's life.

Non più andrai, farfallone amoroso,	*You won't be flitting around anymore like*
notte e giorno d'intorno girando,	*a big amorous butterfly night and day*
delle belle turbando il riposo,	*disturbing the repose of beautiful women,*
Narcisetto, Adoncino d'amor.	*little Narcissus, little Adonis of love.*
Non più avrai questi bei pennacchini,	*You'll no longer have these pretty feathers,*
quel cappello leggiero e galante,	*that light and gallant hat,*
quella chioma, quell'aria brillante,	*that head of hair, that sparkling air,*
quel vermiglio donnesco color!	*that bright red womanish color!*
Non più avrai quei pennacchini,	*You'll no longer have those feathers,*
quel cappello, quella chioma,	*that hat, that head of hair,*
quell'aria brillante!	*that sparkling air!*
Fra guerrieri, poffar Bacco!	*Among soldiers, by Jove!*
Gran mustacchi, stretto sacco,	*Big mustache, tight tunic,*
schioppo in spalla, sciabla al fianco,	*gun on your shoulder, sabre at your side,*
collo dritto, muso franco,	*neck straight, face forward,*
un gran casco, o un gran turbante,	*a big helmet or a big turban,*
molto onor, poco contante.	*much honor, little cash.*
Ed invece del fandango	*And instead of the fandango,*
una marcia per il fango.	*a march through the mud...*
Per montagne, per valloni,	*over mountains, through glens,*
con le nevi, e i sollioni,	*in the snows and the hot suns,*
al concerto di tromboni, di bombarde,	*to the accompaniment of trombones, of bombards,*
di cannoni, che le palle	*of cannons that make the cannonballs,*
in tutti i tuoni,	*amidst all the thunder,*
all'orecchio fan fischiar.	*whistle in your ears.*
Cherubino, alla vittoria,	*Cherubino, to victory—*
alla gloria militar!	*to military glory!*

Aprite un po' quegl'occhi

from Act IV
character: Figaro

On the night of their wedding, Figaro believes that Susanna is deceiving him with the Count. Infuriated, he denounces all of womankind.

Tutto è disposto;	Everything is ready;
l'ora dovrebbe esser vicina.	the hour must be near.
Io sento gente... è dessa!	I hear people... it's she!
non è alcun;	It's no one.
buja è la notte,	The night is dark,
ed io comincio omai a fare	and I'm just beginning to practice
il scimunito mestiere di marito.	the idiotic profession of husband
Ingrata! Nel momento della mia	Ungrateful girl! At the moment of my
cerimonia ei godeva leggendo;	ceremony he was enjoying reading;
e nel vederlo, io rideva di	and, seeing him, I laughed at
me senza saperlo.	myself without knowing it.
O Susanna! quanta pena mi costi!	Oh Susanna, how much pain you cost me!
Con quell'ingenua faccia,	With that ingenuous face,
con quegli'occhi innocenti,	with those innocent eyes,
chi creduto l'avria?	who would have believed it?
Ah! che il fidarsi a donna	Ah, how trusting in a woman
è ognor follia.	is always folly!

Aprite un po' quegl'occhi,
uomini incauti e sciocchi.
Guardate queste femmine,
guardate cosa son!
Queste chiamate dee, dagli ingannati
    sensi, a ciu tributa incensi
      la debole ragion.
Son streghe che incantano
per farci penar,
sirene che cantano
per farci affogar,
civette che allettano
per trarci le piume,
comete che brillano
per toglierci il lume;
son rose spinose,
son volpi vezzose,
son orse benigne,
colombe maligne,
maestre d'inganni,
amiche d'affani,
che fingono, mentono.
Amore non senton, non
    senton pietà, no.
Il resto nol dico,
già ognuno lo sa.

Open those eyes a bit,
rash and foolish men.
Look at these women;
see what they are!
Deceived by your senses, you call these
*   women goddesses, to whom weak reason*
*   offers incense.*
They are witches who charm
in order to make us suffer,
sirens who sing
in order to make us drown,
owls that allure
in order to pull out our feathers,
comets that shine
in order to blind us.
They are thorny roses;
they are graceful foxes.
They are tame she-bears,
malicious doves,
mistresses of deception,
friends of suffering
who fabricate, lie.
They don't feel love; they don't
feel pity—no.
I'm not saying the rest;
every man already knows it.

Hai già vinta la causa

from Act III
character: Count Almaviva

Count Almaviva thinks that he has succeeded in making arrangements for a tryst with Susanna, maid to the Countess, in the garden of the castle on the very night of her marriage to his valet, Figaro. A legal problem, exaggerated and encouraged by the Count and his supporters, could yet prevent the couple's marriage. But when the Count overhears Susanna and Figaro gloating that they will win the case, he launches into a tirade of anger and frustration.

Hai già vinta la causa!
Cosa sento!
In qual laccio cadea?
Perfidi!
Io voglio di tal modo punirvi;
a piacer mio la sentenza sarà.
Ma s'ei pagasse la vecchia pretendente?
Pargarla! In qual maniera?
E poi v'è Antonio,
che all'incognito Figaro
ricusa di dare una nipote in matrimonio.
Coltivando l'orgoglio
di questo mentecatto,
tutto giova a un raggiro.
Il colpo è fatto.

"You have already won the case!"
What do I hear!
Into what trap did I fall?
Traitors!
I want to punish you badly;
the verdict will be as I please.
But if he should pay the old pretender?
Pay her! In what way?
And then there's Antonio,
who to the insignificant Figaro
refuses to give a niece in marriage.
Cultivating the pride
of this fool,
everything is useful for a deception.
The die is cast.

Vedrò, mentr'io sospiro,	*Shall I see one of my servants happy,*
felice un servo mio?	*while I languish?*
E un ben che invan desio	*And must he possess a treasure*
ei posseder dovrà?	*Which I desire in vain?*
Vedrò per man d'amore,	*Shall I see the one who aroused*
unita a un vile oggetto	*in me a desire which she, then,*
chi in me destò un affetto,	*doesn't have for me, united by the hand*
che per me poi non ha?	*of love to a miserable creature?*
Vedrò che un ben ch'io desio,	*Shall I see that he will possess*
ei posseder dovrà?	*a treasure I desire?*
Vedrò?	*Shall I see that?*
An no! lasciarti in pace	*Ah, no, I don't wish you this satisfaction*
non vo' questo contento.	*of being left in peace!*
Tu non nascesti, audace,	*You were not born, audacious one,*
per dare a me tormento,	*to give me torment*
e forse ancor per ridere	*and, furthermore, to laugh*
di mia infelicità.	*at my unhappiness.*
Già la speranza sola	*Already the lone hope*
delle vendette mie	*of my vindications*
quest'anima consola,	*comforts this soul*
e giubilar mi fa.	*and makes me rejoice.*

DON GIOVANNI

The libretto is by Lorenzo da Ponte, after Giovanni Bertati's libretto for Giuseppe Gazzaniga's opera *Il convitato di pietra;* also after the Don Juan legends. *Don Giovanni* was premiered at the National Theater in Prague on October 29, 1787. The story is set in and near Seville during the seventeenth century (usually played as the eighteenth century).

Fin ch'han dal vino

from Act I
character: Don Giovanni

Giovanni tells Leporello, his servant, of the party he plans for the peasant couple, Zerlina and Masetto, and their friends. Drinking, feasting, and lovemaking will reign supreme.

Fin ch'han dal vino calda la testa,	*Until their heads are hot from the wine,*
una gran festa fa' preparar.	*have a grand party prepared.*
Se trovi in piazza qualche ragazza,	*If you find some girl in the piazza,*
teco ancor quella menar.	*try to bring her with you too.*
Senza alcun ordine la danza sia,	*Let the dancing be without any order;*
chi'l minuetto, chi la follia,	*you will make some dance the minuet,*
chi l'alemanna farai ballar.	*some the follia, some the allemande.*
Ed io fra tanto dall'altro canto	*And meanwhile I, in the other corner,*
con questa e quella vo' amoreggiar.	*want to flirt with this girl and that one.*
Ah, la mia lista doman mattina	*Ah, tomorrow morning you should augment*
d'una decina devi aumentar.	*my catalogue by about ten.*

Deh, vieni alla finestra

from Act II
character: Don Giovanni

The Don picks up his mandolin and serenades the maid servant of Donna Elvira from beneath her window.

Deh, vieni alla finestra,	*Pray, come to the window,*
o mio tesoro.	*oh my treasure.*
Deh, vieni a consolar	*Pray, come console*
il pianto mio.	*my weeping.*
Se neghi a me di dar	*If you refuse to grant me*
qualche ristoro,	*some solace,*
davanti agli occhi tuoi	*before your eyes*
morir vogl'io.	*I want to die.*
Tu ch'hai la bocca	*You whose mouth is*
dolce più che il miele—	*more sweet than honey—*
tu che il zucchero porti	*you who bear sugar*
in mezzo al core—	*in your heart of hearts—*
non esser, gioia mia,	*do not, my delight, be*
con me crudele.	*cruel with me.*
Lasciati almen veder,	*At least let yourself be seen,*
mio bell'amore.	*my beautiful love.*

COSÌ FAN TUTTE
(Women Are Like That)

The libretto is an original story by Lorenzo da Ponte. The opera was premiered at the Burgtheater in Vienna on January 26, 1790. The story is set at the home of Fiordiligi and Dorabella in Naples during the seventeenth century (most often played as the eighteenth century).

Non siate ritrosi

from Act I
character: Guglielmo

Don Alfonso tells Guglielmo and Ferrando he can prove that their girlfriends, Fiordiligi and Dorabella, are no more faithful than other women. After telling the sisters that Guglielmo and Ferrando will be sent off to war, Don Alfonso brings the two men back disguised as wealthy Albanians. Fiordiligi declares her steadfast love for Guglielmo and asks the strangers to leave, but the disguised Guglielmo continues his swaggering advances.

Non siate ritrosi,	*Don't be reluctant,*
occhietti vezzosi;	*pretty bright eyes;*
due lampi amorosi	*do throw two loving*
vibrate un po' qua.	*lightning flashes here.*
Felici rendeteci,	*Make us happy;*
amate con noi,	*love with us,*
e noi felicissime	*and we'll make you, too,*
faremo anche voi.	*most happy.*
Guardate, toccate,	*Look, touch;*
il tutto osservate:	*observe it all:*
siam due cari matti,	*we're two likeable madmen;*
siam forti e ben fatti,	*we're strong and well made*
e come ognun vede,	*and, as everyone can see—*
sia merto, sia caso,	*be it by virtue or by chance—*

abbiamo bel piede,	*we have fine feet,*
bell'occhio, bel naso.	*fine eyes, fine noses.*
Guardate: bel piede,	*Look: fine feet;*
osservate: bell'occhio,	*observe: fine eyes;*
toccate: bel naso:	*touch: fine noses;*
il tutto osservate:	*observe it all:*
e questi mustacchi	*and these mustaches*
chiamare si possono	*can be called*
trionfi degli uomini,	*triumphs of humanity,*
pennachi d'amor,	*the plumage of love—*
trionfi, pennachi, mustacchi!	*triumphs, plumage, mustaches!*

Donne mie, la fate a tanti

from Act II
character: Guglielmo

Though Guglielmo's Fiordiligi has resisted the advances of the disguised Ferrando, Dorabella, Ferrando's lady love, has succumbed to the entreaties of the disguised Guglielmo, who rages at the deceit and faithlessness of womankind.

Donne mie, la fate a tanti	*My ladies, you dupe so many men*
che, se il ver vi deggio dir,	*that—if I must tell you the truth—*
se si lagnano gli amanti	*if your lovers complain,*
li commincio a compatir.	*I begin to sympathize with them.*
Io vo' bene al sesso vostro—	*I am very fond of your sex—*
lo sapete, ognun lo sà.	*you know it; everyone knows it.*
Ogni giorno ve lo mostro;	*Every day I prove it to you;*
vi do segno d'amistà.	*I give you signs of friendship.*
Ma quel farla a tanti e tanti,	*But that duping of so many, many men*
m'avvilisce in verità.	*disheartens me, in truth.*
Mille volte il brando presi	*A thousand times I've drawn my sword*
per salvar il vostro onor;	*to save your honor;*
mille volte vi difesi	*a thousand times I've defended you*
colla bocca e più col cor.	*with my lips, and more with my heart.*
Ma quel farla a tanti e tanti	*But that duping of so many, many men*
è un vizietto seccator.	*is an annoying little vice.*
Siete vaghe; siete amabili.	*You are lovely; you are lovable.*
Più tesori il ciel vi diè,	*Many gifts heaven bestowed on you,*
e le grazie vi circondano	*and graces surround you*
dalla testa sino ai piè.	*from head to foot.*
Ma, la fate a tanti e tanti	*But, you dupe so many, many men*
che credibile non è.	*that it is incredible.*
Io vo' bene al sesso vostro;	*I am very fond of your sex;*
ve lo mostro.	*I prove it to you.*
Mille volte il brando presi;	*A thousand times I've drawn my sword;*
vi difesi.	*I've defended you.*
Gran tesori il ciel vi diè,	*Great gifts heaven bestowed on you,*
sino ai piè.	*right down to your feet.*
Man, la fate a tanti e tanti	*But, you dupe so many, many men*
che se gridano gli amanti	*that, if your lovers protest,*
hanno certo un gran perchè.	*they certainly have a very good reason.*

DIE ZAUBERFLÖTE
(The Magic Flute)

The libretto is by Emanuel Schikaneder, based on a fairy tale from the collection *Dschinnistan* by Christoph Martin Wieland (three volumes, published in Weimar beginning in 1786). The *singspiel* was premiered at the Theater auf der Wieden in Vienna on September 30, 1791. The story is set in legendary, ancient Egypt.

Der Vogelfänger bin ich ja

from Act I
character: Papageno

Papageno, a birdcatcher who works for the Queen of the Night, makes his entrance in Act I playing his panpipes. He proceeds to introduce himself to the audience.

Der Vogelfänger bin ich ja,	*I am the bird-catcher,*
stets lustig heißa hopsasa!	*always jolly: yippee hippety hop!*
Ich Vogelfänger bin bekannt	*As bird-catcher I'm well-known*
bei Alt und Jung im ganzen Land.	*by old and young in the whole land.*
Weiß mit dem Lokken umzugehn,	*I know how to handle the bait,*
und mich aufs Pfeifen zu verstehn!	*and how to work the panpipes!*
Drum kann ich froh und lustig sein,	*Therefore I can be happy and jolly,*
denn alle Vögel sind ja mein.	*for all the birds are truly mine.*
Ein Netz für Mädchen möchte ich;	*I'd like a net for girls;*
ich fing sie dutzendweis für mich!	*I'd capture them for myself by the dozens!*
Dann sperrte ich sie bei mir ein,	*Then I'd shut them up with me,*
und alle Mädchen wären mein.	*and all the girls would be mine.*
Wenn alle Mädchen wären mein,	*If all the girls were mine,*
so tauschte ich brav Zukker ein.	*then I'd exchange them for fine sugar.*
Die welche mir am liebsten wär',	*The one who was my favorite—*
der gäb' ich gleich den Zukker her.	*to her I'd gladly hand over the sugar.*
Und küßte sie mich zärtlich dann,	*And if she kissed me sweetly then,*
wär' sie mein Weib und ich ihr Mann.	*she'd be my wife, and I her husband.*
Sie schlief an meiner Seite ein;	*She'd sleep by my side;*
ich wiegte wie ein Kind sie ein.	*I'd rock her to sleep like a child.*

Ein Mädchen oder Weibchen

from Act II
character: Papageno

One of the priests of Sarastro's court has just told Papageno that he can never attain the lofty circle of the chosen ones. Papageno replies that he doesn't care a bit and that his only desire at the moment is for a glass of wine. The wine miraculously appears. Under its influence Papageno sings, accompanying himself on his magic bells.

Ein Mädchen oder Weibchen	*A sweetheart or a little wife*
wünscht Papageno sich.	*Papageno wants for himself.*
O, so ein sanftes Täubchen	*Oh, such a soft little dove*
wär' Seligkeit für mich.	*would be bliss for me.*
Dann schmeckte mir Trinken und Essen;	*Then I'd enjoy drinking and eating;*
dann könnt' ich mit Fürsten mich messen,	*then I'd rank myself with princes,*
des Lebens als Weiser mich freun,	*be happy as a philosopher of life,*
und wie im Elysium sein.	*and be as if in Elysium.*

Ach, kann ich denn keiner von allen
  den reizenden Mädchen gefallen?
Helf' eine mir nur aus der Not,
sonst gräm' ich mich wahrlich zu Tod.

Wird keine mir Liebe gewähren,
so muß mich die Flamme verzehren;
doch küßt mich ein weiblicher Mund,
so bin ich schon wieder gesund.

Alas, so I can't be pleasing to
  one among all the charming girls?
May just one help me out of my need,
or else I'll surely die of a broken heart.

If no one will grant me love
then the flame must consume me;
but if a womanly mouth should kiss me,
then I'll be well again.

Se vuol ballare

from
LE NOZZE DI FIGARO

Bra - vo, si-gnor pa-dro-ne! O-ra in-co-min-cio a ca-pir il mi -

ste - ro, e a ve-der schiet - to tut-to il vo - stro pro-get-to; a Lon-dra, è

ve - ro? Voi mi - ni-stro, io cor - rie-ro, e la Su - san-na. . .

*Appoggiatura recommended

se - cre-ta am-ba-scia-tri - ce. Non sa - rà, non sa-rà, Fi - ga-ro il di - ce!

Allegretto

Se vuol bal - la - re, si - gnor con - ti - no, se vuol bal -

la - re, si - gnor con - ti - no, il chi - tar - ri - no le

suo - ne - rò, il chi - tar - ri - no le suo - ne -

rò, sì, le suo - ne - rò, sì, le suo - ne - rò.

Se vuol ve - ni - re

nel - la mia scuo - la, la ca - pri - o - la

le in - se - gne - rò. Se vuol ve - ni - re nel - la mia

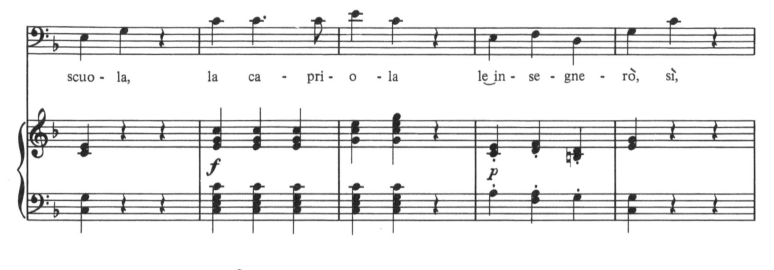

scuo - la,　la ca - pri - o - la　le in - se - gne - rò, sì,

le in - se - gne - rò, sì,　le in - se - gne - rò.　Sa -

pro,　sa - prò,　sa -

pro,　sa - prò,　sa - prò,　ma pia - no,_____

pia - no, pia - no, pia - no, pia - no, pia - no, pia - no;

me - glio o - gni ar - ca - no

dis - si - mu - lan - do sco - prir po - trò.

Presto

L'ar - te scher - men - do, l'ar - te a - do - pran - do,

di quà pun - gen - do, di là scher - zan - do,

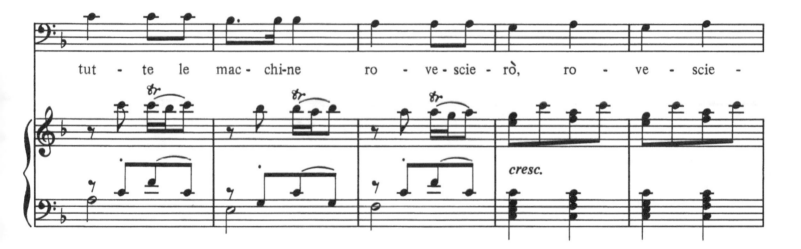

tut - te le mac-chi-ne ro - ve-scie - rò, ro - ve - scie -

rò. L'ar - te scher - men - do, l'ar - te a - do -

pran - do, di quà pun - gen - do, di là scher - zan - do,

tut - te le mac - chi - ne ro - ve-scie - rò, tut - te le

mac - chi - ne ro - ve - scie - rò, tut - te le mac - chi - ne

ro - ve-scie - rò, ro - ve - scie - rò, ro - ve - scie - rò.

[Tempo I°]

Se vuol bal - la - re, si - gnor con - ti - no,

se vuol bal - la - re, si - gnor con - ti - no,

il chi - tar - ri - no le suo - ne - rò, il chi - tar -

ri - no le suo - ne - rò, sì, le suo - ne -

Presto

rò, sì, le suo - ne - rò.

se vuol bal - la - re, si - gnor con - ti - no,

Non più andrai

from
LE NOZZE DI FIGARO

Non più a-vrai que-sti bei pen-nac-chi - ni,   quel cap-

pel - lo leg-gie-ro e ga - lan - te,   quel-la chio - ma, quell'a - ria bril-

lan - te,   quel ver - mi - glio don - ne - sco co - lor,   quel ver-

mi - glio don - ne - sco co - lor!   Non più a -

vrai quei pen - nac - chi - ni, quel cap-

pel - lo, quel - la chio - ma, quell' a - ria bril - lan - te! Non più an-

cresc. *f* *p*

drai, far - fal - lo - ne a - mo - ro - so, not - te e gior - no d'in - tor - no gi-

ran - do, del - le bel - le tur - ban - do il ri - po - so, Nar - ci-

ten. *ten.*

ten. *ten.* *mf* *p*

set - to, A-don-ci - no d'a-mor, del - le bel - le tur-ban-do_il ri -

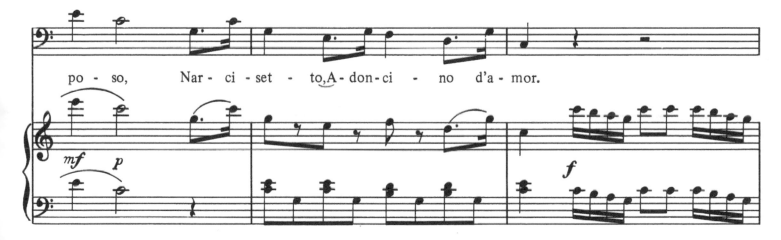

po - so, Nar - ci -set - to, A - don-ci - no d'a - mor.

Fra guer-rie - ri, pof-far Bac-co! Gran mus-tac-chi, stret-to

sac - co, schiop-po_in spal - la, scia-bla_al fian - co, col-lo drit - to, mu-so

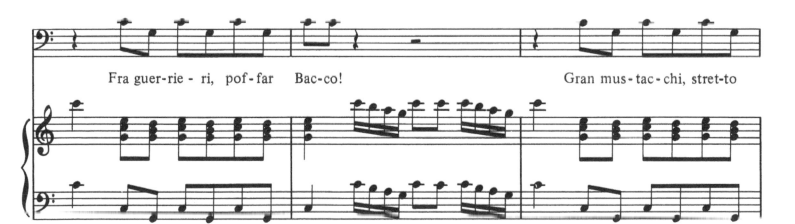

fran - co, un gran ca - sco, o un gran tur - ban - te, mol-to o -

nor, po - co con -tan - te, po - co con -tan - te, po - co con -tan - te. Ed in -

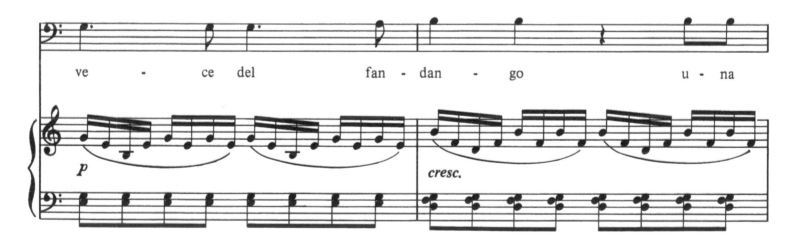

ve - ce del fan - dan - go u - na

mar - cia per il fan - go. Per mon - ta - gne, per val -

lo - ni, con le ne - vi, e i sol - lio - ni, al con - cer - to di trom-

bo - ni, di bom - bar - de, di can - no - ni, che le pal - le in tut - ti i

tuo - ni, all' o - rec - chio fan fi - schiar. Non più a-

vrai quei pen - nac - chi - ni, non più a-

vrai   quel cap - pel - lo,   non più a -

vrai   quel - la chio - ma,   non più a -

vrai   quell' a - ria bril - lan - te!   Non più an - drai, far - fal - lo - ne a - mo -

ro - so,   not - te e gior - no d'in - tor - no gi - ran - do,   del - le

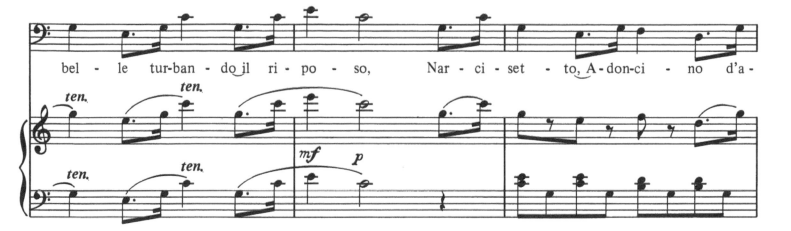

bel - le tur-ban - do il ri - po - so, Nar - ci - set - to, A-don-ci - no d'a-

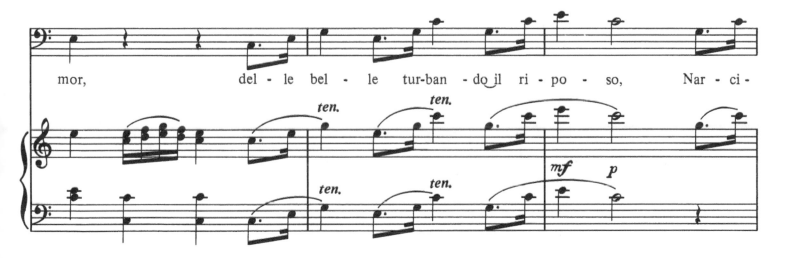

mor, del - le bel - le tur-ban - do il ri - po - so, Nar - ci -

set - to, A-don-ci - no d'a - mor. Che - ru - bi - no, al-la vit -

to - ria, al - la glo - ria mi - li - tar. Che - ru -

bi - no, al-la vit - to - ria, al - la glo - ria mi - li - tar, al - la

glo - ria mi - li - tar, al - la glo - ria mi - li - tar!

Aprite un po' quegl'occhi

from
LE NOZZE DI FIGARO

*Appoggiatura recommended

ri - to. In - gra - ta! Nel mo-men - to del - la

mia ce - ri-mo - nia ei go-de-va leg-gen-do; e nel ve-der - lo, io ri -

de - va di me sen-za sa-per-lo. O Su - san - na! Su -

san - na! quan-ta pe - na mi co - sti! Con quell' in-ge - nua fac - cia,

con que-gl'oc-chi in-no-cen - ti, chi cre-du - to l'a-vri - a?

Ah! che il fi-dar-si a don-na, a don-na è o - gnor fol-li - a.

[Andante]

A - pri - te un po' quegl' oc - chi, uo - mi-ni in-cau-ti e

scioc - chi. Guar-da - te que - ste fem-mi-ne, guar-da - te co - sa

son,   guar - da - te co - sa son, guar - da - te, guar - da - te co - sa

son!   Que - ste chia - ma - te de - e, da - gli in - gan - na - ti

sen - si,   a cui tri - bu - ta in - cen - si   la

de - bo - le ra - gion, la de - bo - le ra - gion,   la

de - bo - le ra - gion. Son stre - ghe che in -

can - ta-no per far - ci pe - nar, si - re - ne che

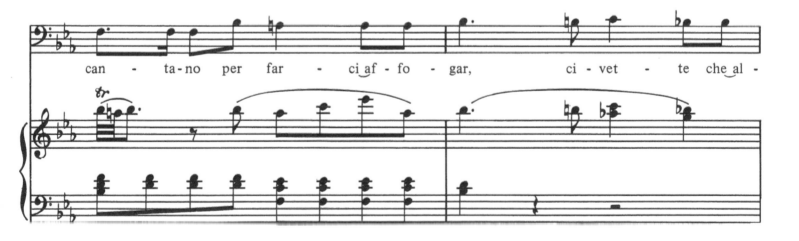

can - ta-no per far - ci af-fo - gar, ci - vet - te che al -

let - ta-no per trar - ci le piu - me, co - me - te che

bril - la-no per to - glier-ci il lu - me; son ro - se spi -

no - se, son vol - pi vez - zo - se, son or - se be -

ni - gne, co - lom - be ma - li - gne, ma - e - stre d'in - gan - ni, a - mi-che d'af -

fan - ni, che fin - go - no, men-to - no. A-mo-re non sen - ton, non sen - ton pie -

tà, non sen - ton pie - tà, no, no, no, no. Il

re - sto, il re - sto nol di - co, già o - gnu - no, già o-gnu -no lo sa.

A - pri-te un po' quegl' oc - chi, uo - mi-ni in-cau - ti e

scioc - chi. Guar-da - te que - ste fem - mi-ne, guar-da - te co - sa

son, co - sa son, co - sa son! Son stre - ghe che in-can - ta-no, il re - sto nol

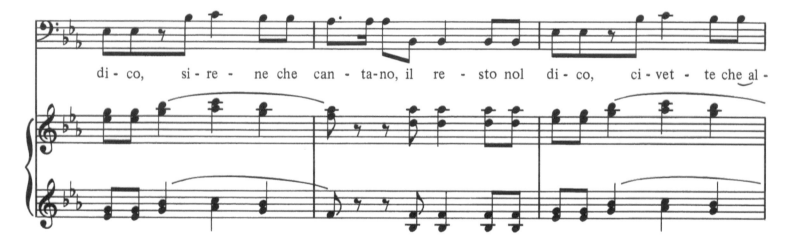

di - co, si - re - ne che can - ta-no, il re - sto nol di - co, ci - vet - te che al -

let - ta-no, il re - sto nol di - co, co - me - te che bril - la-no, il re - sto nol

di - co, son ro - se spi - no - se, son vol - pi vez -

zo - se, son or - se be - ni - gne, co - lom - be ma -

li - gne, ma - e - stre d'in - gan - ni, a - mi - che d'af - fan - ni, che fin - go - no,

men - to - no. A - mo - re non sen - ton, non sen - ton pie -

tà, non sen - ton pie - tà, no, no, no, no. Il

re - sto, il re - sto nol di - co, già o - gnu - no, già o-gnu - no lo sa.____ Il

re - sto, il re - sto nol di - co, già o - gnu - no, già o-gnu- no lo sa,

già o-gnu - no lo sa, già o-gnu - no lo sa, già o-

gnu - no lo sa.

Hai già vinta la causa

from
LE NOZZE DI FIGARO

Maestoso
ALMAVIVA:

Hai già vin - ta la cau - sa! Co - sa sen - to!

In qual lac - cio ca - de - a? **Presto**

Per - fi-di! Io vo-glio, io vo-glio di tal mo - do pu -

nir - vi; a pia-cer mi-o la sen-ten- za sa-rà.

Andante

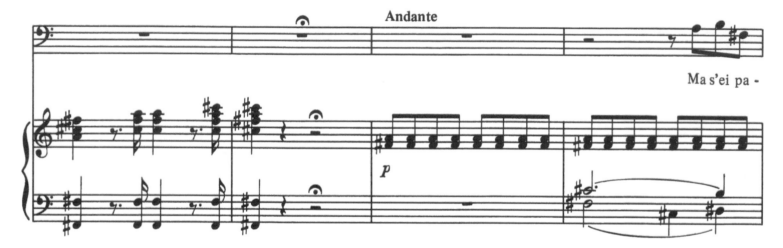

Ma s'ei pa -

Tempo I

gas - se la vec-chia pre - ten - den - te?

Pa-gar - la! In qual ma-nie -ra?

E poi v'è An-to-nio, che all' in - co-gni-to Fi-ga-ro ri-cu - sa di

da - re u-na ni-po-te in ma-tri - mo-nio.

Col - ti - van - do l'or -

go-glio di que-sto men - te - cat - to,

* Appoggiatura possible

tut - to gio - va a un rag-

gi - ro.

p *sf* *sf* *p* *cresc.*

Il col-po è fat - to.

Allegro maestoso

f

Ve - drò, men-tr'io so-

p

tr

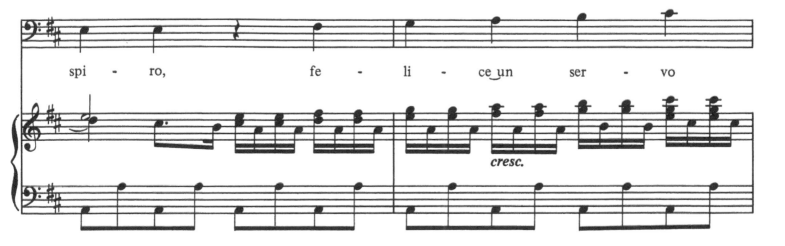

spi - ro, fe - li - ce_un ser - vo

cresc.

mi - o?

f   *p*   *tr*

E_un ben che_in-van de - si - o

cresc.   *f*

ei pos - se-der do - vrà?   Ve - drò per man d'a-

sfp   *p*

mo - re, u - ni - ta a un vi - le og - get - to chi in

me de - stò un af - fet - to, che per me poi non

ha, che per me poi non ha? Ve -

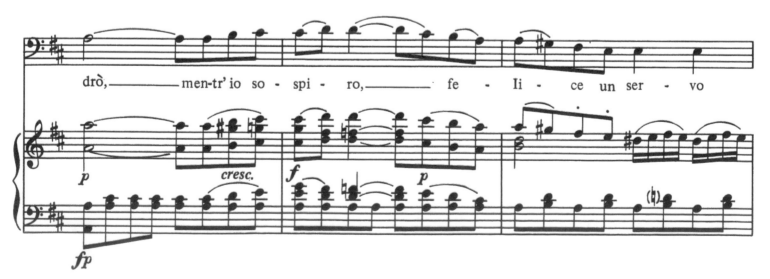

drò, men-tr'io so - spi - ro, fe - li - ce un ser - vo

mi - o? Ve - drò che un ben ch'io de - si - o, ___ ei ___

pos - se - der do - vrà? Ve - drò per man d'a-

mo - re, u - ni - ta a un vi - le og - get - to chi in

me de - stò un af - fet - to, che per me poi non

48

ha,   che   per   me poi   non   ha?   Ve-

drò?   Ve - drò?   Ve - drò?   Ve -

Allegro assai

drò?   Ah no!   la - sciar - ti in pa - ce   non

vo' que-sto con - ten - to.   Tu non na - sce - sti au-

da - ce, tu non na - sce - sti au - da - ce, per

da - re a me tor - men - to, e

for - se an-cor per ri - de - re, per ri - de - re di

mia in - fe - li - ci - tà.

Già la spe-ran - za so - la del - le ven-det - te

mi - e quest' a - ni - ma con - so - la, e

giu - bi-lar mi fa, e giu-bi - lar, e giu - bi-lar mi

fa. Ah, che la-sciar-ti in pa - ce non vo' que-sto con - ten - to.

Tu non na-sce-sti au-da-ce, per da - re a me tor - men - to, e for-se an-cor per ri - de-re, per ri - de-re di mia in - fe - li - ci - tà. Già la spe-ran - za so - la

del - le ven -det - te mi - e quest' a - ni - ma con -

so - la, e giu - bi - lar mi fa,___ e___ giu - bi -

lar, e giu - bi - lar mi fa,___ e___ giu - bi -

lar,_____

e giu - bi - lar_____ mi

fa,   e giu - bi - lar   mi   fa,   e

giu - bi-lar   mi   fa.

Fin ch'han dal vino

from
DON GIOVANNI

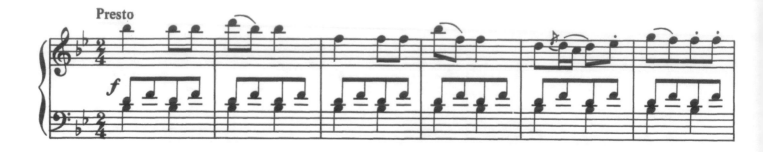

te - co an-cor quel - la cer - ca me nar, _____ cer - ca me - nar, _____

cer - ca me - nar. Sen - za al-cun or - di-ne la dan - za si - a,

chi'l mi-nu - et-to, chi la fol - li - a, chi l'a - le - man - na

fa - rai bal - lar, chi'l _____ mi - nu - et - to fa - rai bal -

lar, chi_____ la fol - li - a fa - rai bal - lar, chi_____

_____ l'a - le - man - na fa - rai bal - lar. Ed io fra tan - to

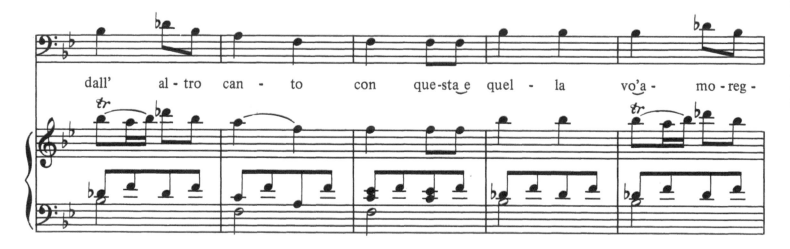

dall' al - tro can - to con que-sta e quel - la vo'a - mo-reg-

giar, vo'a - mo - reg - giar, vo a - mo - reg - giar._____

Ah, la mia li - sta do - man mat - ti - na d'u - na de -

ci - na de - vi au-men - tar.   Ah, la mia

li - sta d'u - na de - ci - na de - vi au-men - tar.

Se tro - vi in piaz - za qual - che ra - gaz - za, te co an-cor

quel - la cer - ca me - nar.

Ah, la mia li - sta do - man mat - ti - na d'u - na de -

ci - na de - vi au-men - tar. Sen - za al - cun or - di - ne

la dan - za si - a, chi'l mi - nu - et - to, chi la fol - li - a,

chi l'a - le - man - na fa - rai bal - lar.

Ah, la mia li - sta do - man mat - ti - na

d'u - na de - ci - na de - vi au-men - tar, d'u - na de -

- ci - na de - vi au-men - tar, d'u - na de - ci - na

de - vi au-men - tar,_____ de - vi au-men - tar,_____ de - vi au-men - tar,_____

de - vi, de - vi au - men - tar.

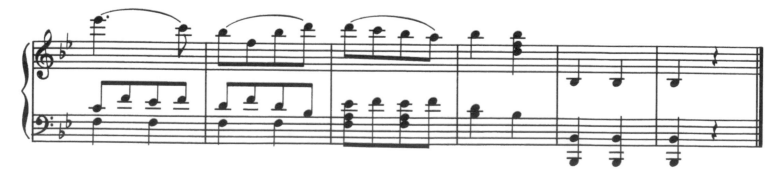

Deh, vieni alla finestra

from
DON GIOVANNI

Se ne - ghi_a me_ di dar qual -

che ri - sto - ro, da - van - ti_a -gli oc-chi tuoi mo -

rir_ vo - gl'i - o. Tu

ch'hai_ la boc - ca dol - ce più____ che il mie - le___

tu che il zuc-che-ro por - ti in mez - zo al co - re—

non es - ser, gio - ia mia, con

me cru - de - le. La - scia-ti al-men— ve -der, mio

bell'— a - mo - re.

Non siate ritrosi

from
COSÌ FAN TUTTE

GUGLIELMO:

Non sia - te ri -

tro - si, oc - chiet - ti vez - zo - si; due lam - pi a - mo - ro - si vi -

bra te un po'_ qua.   Fe - li - ci ren -

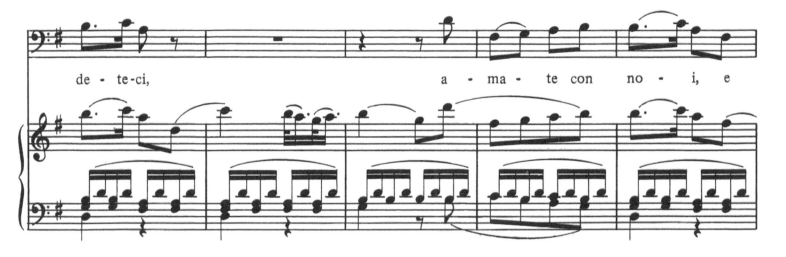

de - te-ci, a - ma - te con no - i, e

no - i fe - li - cis - si - me fa - re - mo an-che vo - i. Guar -

da - te, toc - ca - te, il tut - to os - ser - va-te: siam due ca - ri

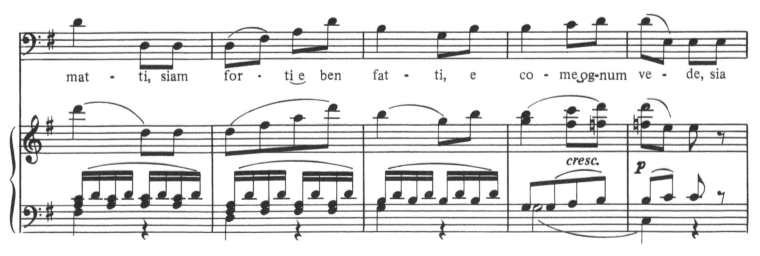

mat - ti, siam for - ti e ben fat - ti, e co - me og-num ve - de, sia

cresc. *p*

mer - to, sia ca - so, ab - bia - mo bel pie - de, bell' oc - chio, bel

na - so. Guar - da - te: bel pie - de, os - ser va - te: bell'

oc chio, toc - ca - te: bel na - so; il tut - to os - ser -

va - te: e que - sti mu - stac - chi chia - ma - re si

pos - so no tri - on - fi de - gli uo - mi - ni, pen - nac - chi d'a-

mor, ___ tri - on - fi de - gli uo - mi - ni, pen - nac - chi d'a-

mor, tri - on - fi, pen - nac - chi, mu - stac - chi!

Donne mie, la fate a tanti

from
COSÌ FAN TUTTE

ver vi deg - gio dir, se si la - gna - no gli_a - man - ti li com -

min - cio_a com - pa - tir, li com - min - cio_a com - pa - tir.

Io vo' be - ne_al ses - so vo - stro —

lo sa - pe - te, o - gnun lo sà. O - gni

gior - no ve lo mo - stro, ve lo mo - stro, ve lo mo - stro; vi do

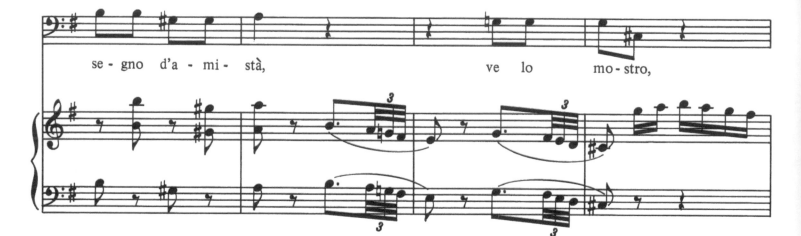

se - gno d'a - mi - stà, ve lo mo - stro,

ve lo mo - stro; vi do se - gno d'a - mi - stà, vi do

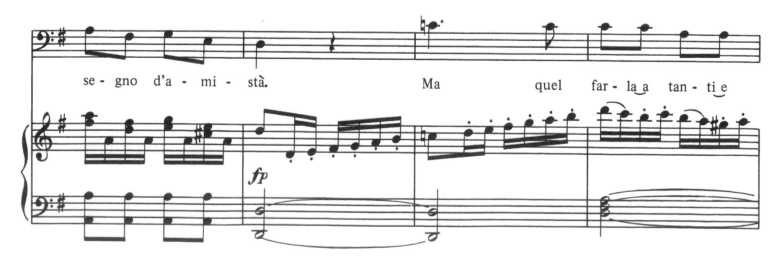

se - gno d'a - mi - stà. Ma quel far - la a tan - ti e

tan - ti, a tan - ti e tan - ti, m'av - vi - li - sce in ve - ri -

tà, m'av - vi - li - sce in ve - ri - tà.

Mil - le vol - te il bran - do pre - si

per sal - var il vo - stro o-nor; mil - le vol - te,

mil - le vol - te, mil - le vol - te vi di -

fe - si col - la boc-ca_e più col cor. Ma quel

far - la_a tan - ti_e tan - ti, a tan - ti_e tan - ti è_un vi -

ziet - to sec - ca - tor, è_un vi - ziet - to sec - ca -

tor.

Sie - te va - ghe; sie-te a - ma - bi - li.

Più te - so - ri il ciel vi diè,

e le gra - zie vi cir - con - da-no

dal - la te - sta si - no ai piè, dal - la

te - sta si - no ai piè. Ma, ma, ma, la

fa - te a tan - ti e tan - ti, a tan - ti e tan - ti che cre -

di - bi - le non è, che cre - di - bi - le non

è. Io vo' be - ne al ses - so vo - stro; ve lo

mo - stro. Mil - le vol - te_il bran - do pre - si;   vi di -

fe - si. Gran te - so - ri_il ciel vi diè,   si - no_ai

piè.   Ma,   ma,   ma,   la fa - te_a tan - ti_e

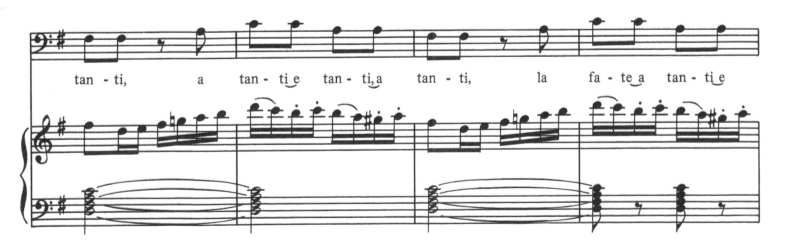

tan - ti,   a tan - ti_e tan - ti,_a tan - ti,   la fa - te_a tan - ti_e

tan - ti_a tan - ti_e tan - ti che se

gri - da - no gli_a - man - ti han - no cer - to_un gran per - chè, un

cresc. *f*

gran per - chè. Ah, la fa - te_a tan - ti_e tan - ti che se

p

gri - da - no gli_a - man - ti han - no cer - to_un gran per - chè, un

cresc. *f*

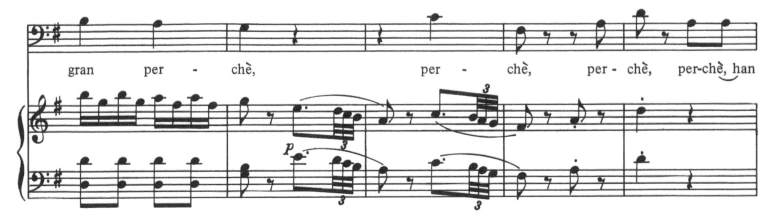

gran per - chè, per - chè, per - chè, per-chè, han

cer - to un gran per - chè, per - chè, per-

chè, per-chè, han cer - to un gran per - chè, un gran per-

chè, un gran per - chè, han - no cer - to un gran per - chè.

Der Vogelfänger bin ich ja

from

DIE ZAUBERFLÖTE

PAPAGENO:

1. Der— Vo - gel - fän - ger— bin ich ja, stets—
2. Der— Vo - gel - fän - ger— bin ich ja, stets—
3. Wenn— al - le Mäd - chen— wä - ren mein, so—

lu - stig hei - ßa hop - sa - sa! Ich Vo - gel - fän - ger— bin be - kannt bei
lu - stig hei - ßa hop - sa - sa! Ich Vo - gel - fän - ger— bin be - kannt bei
tausch - te ich brav Zuk - ker ein. Die wel - che— mir— am— lieb - sten wär,' der

Alt und Jung im gan - zen Land. Weiß— mit dem Lok - ken—
Alt und Jung im gan - zen Land. Ein— Netz für Mäd - chen—
gäb' ich gleich den Zuk - ker her. Und— küß - te sie— mich—

80

um - zu - gehn, und mich aufs Pfei - fen__ zu ver - stehn!
möch - te ich; ich fing sie du - tzend - weis für mich!
zärt - lich dann, wär' sie mein Weib_und__ ich ihr Mann.

Drum_kann ich froh_und_ lu - stig sein, denn_ al - le Vö - gel_
Dann_sperr - te ich_sie_ bei mir ein, und_ al - le Mäd - chen_
Sie__schlief an mei - ner__ Sei - te ein; ich__ wieg - te wie_ ein_

sind ja__ mein.
wä - ren__ mein.
Kind sie__ ein.

Ein Mädchen oder Weibchen

from
DIE ZAUBERFLÖTE

Allegro

mich, wär' Se - lig - keit _ für _ mich.

Dann schmeck - te mir Trin - ken und

Es - sen; dann könnt' ich mit Für-sten mich mes - sen, des Le - bens als Wei - ser mich

freun, _____ und wie im E - ly - si - um sein; dann könnt' ich mit

Für-sten mich mes - sen, des Le-bens als Wei-ser mich freun, —— und

wie im E - ly-si-um sein, im E - ly - si - um sein,

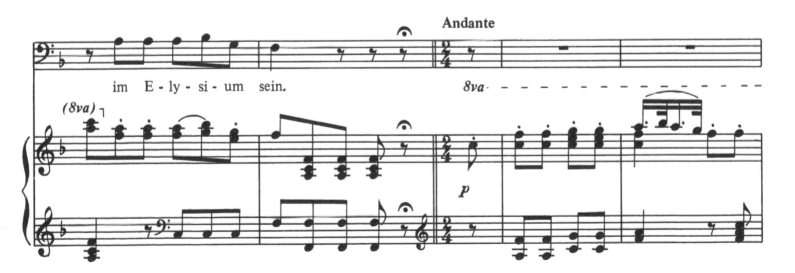

im E - ly - si - um sein.

Andante

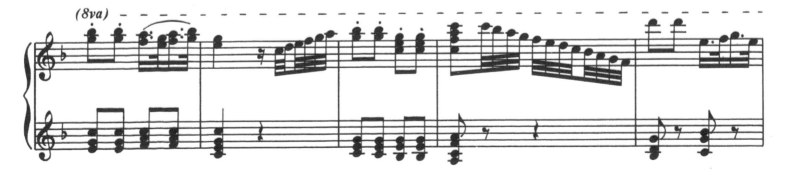

84

Ein Mäd - chen o - der Weib - chen wünscht Pa - pa - ge - no—

sich.   O, so ein sanf - tes Täub - chen— wär' Se - lig - keit— für—

mich,   wär' Se - lig - keit— für— mich.   wär' Se - lig - keit— für—

mich.   Ach,

kann ich denn kei - ner von al - len den rei - zen - den Mäd-chen ge - fal - len? Helf'

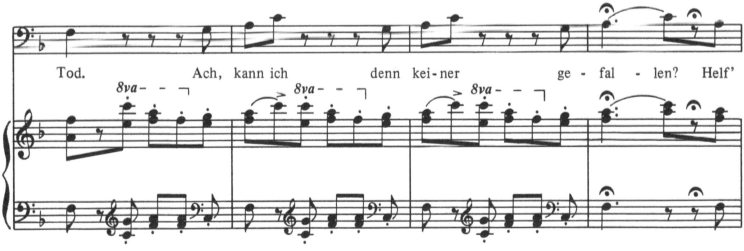

ei - ne mir nur aus der Not,——— sonst gräm' ich mich wahr - lich zu

Tod. Ach, kann ich denn kei - ner ge - fal - len? Helf'

ei - ne mir nur aus der Not,——— sonst gräm' ich mich wahr-lich zu Tod,

mich wahr-lich zu Tod,   mich wahr-lich zu Tod.

(8va)   8va

Andante   8va

(8va)

(8va)

Ein Mäd-chen o-der Weib-chen wünscht

Pa-pa-ge-no— sich.   O, so ein sanf-tes Täub-chen— wär'—

8va

Se - lig - keit— für— mich, wär' Se - lig - keit— für— mich, wär'

Allegro

Se - lig - keit— für— mich!

Wird kei - ne mir Lie - be ge - wäh - ren, so muß mich die Flam - me ver -

zeh - ren; doch küßt mich ein weib - lich - er Mund,— so bin ich schon wie - der ge -

sund; doch küßt mich ein weib-li - cher Mund, ____ so

bin ich schon wie-der ge - sund, ____ so bin ich schon wie-der ge-sund,

schon wie-der ge - sund, schon wie-der ge - sund.